En mi comunidad

POLICÍA LOCAL

UN LIBRO DE EL SEMILLERO DE CRABTREE

De Alan Walker

y

Pablo de la Vega

CRABTREE
PUBLISHING COMPANY
WWW.CRABTREEBOOKS.COM

Quiero ser policía.

El trabajo de un policía es **proteger** a la gente.

5

Puedes llamar a la policía en una **emergencia**.

Los policías usan **uniformes**.

8

9

Cargan **herramientas** especiales en sus cinturones.

Algunos policías usan patrullas.

Las patrullas tienen sirenas y luces parpadeantes.

Algunos policías montan a caballo o van en motocicleta.

Algunos policías trabajan con perros.

Un grupo de perros policía son llamados unidad canina.

Los policías usan esposas cuando arrestan a alguien.

Es necesario entrenar para convertirse en policía.

Glosario

emergencia: Una emergencia es una situación peligrosa. Marcamos el 911 en una emergencia.

herramientas: Las herramientas son piezas de equipamiento que te ayudan a hacer distintos trabajos.

proteger: Proteger es mantener algo o a alguien a salvo.

sirenas: Las sirenas son usadas como advertencia. Producen ruidos muy fuertes.

22

unidad canina: Una unidad canina es un grupo de perros entrenados para ayudar y trabajar con los policías.

uniformes: Los uniformes son ropas especiales usadas por los miembros de un grupo, equipo u organización.

Índice analítico

arrestan: 19

caballo: 15

emergencia: 7

motocicleta: 15

patrullas: 12, 13

unidad canina: 17

Apoyos de la escuela a los hogares para cuidadores y maestros

Los libros de El Semillero de Crabtree ayudan a los niños a crecer al permitirles practicar la lectura. Las siguientes son algunas preguntas de guía que ayudan a los lectores a construir sus habilidades de comprensión. Algunas posibles respuestas están incluidas.

Antes de leer

- ¿De qué piensas que tratará este libro? Pienso que este libro trata sobre los policías. Quizá nos enseñará cómo es su trabajo.

- ¿Qué quiero aprender sobre este tema? Quiero aprender sobre la ropa que usan los policías.

Durante la lectura

- Me pregunto por qué... Me pregunto por qué algunos policías montan a caballo o en motocicleta.

- ¿Qué he aprendido hasta ahora? Aprendí que los policías usan uniformes. Tienen cinturones con herramientas especiales.

Después de leer

- ¿Qué detalles aprendí de este tema? Aprendí que el trabajo de un policía es proteger a la gente. Aprendí que algunos policías trabajan con perros. Los perros policías son llamados unidades caninas.

- Lee el libro de nuevo y busca las palabras del vocabulario. Veo la palabra ***proteger*** en la página 4 y la palabra ***emergencia*** en la página 7. Las demás palabras del vocabulario están en las páginas 22 y 23.

Library and Archives Canada Cataloging-in-Publication Data

Title: Policía local / de Alan Walker y Pablo de la Vega.
Other titles: Hometown police. Spanish
Names: Walker, Alan, 1963- author. | Vega, Pablo de la, translator.
Description: Series statement: En mi comunidad | Translation of: Hometown police. | Translated by Pablo de la Vega. | "Un libro de el semillero de Crabtree". | Includes index. | Text in Spanish.
Identifiers: Canadiana (print) 2021010080X | Canadiana (ebook) 20210100818 |
  ISBN 9781427131324 (hardcover) |
  ISBN 9781427131423 (softcover) |
  ISBN 9781427135209 (read-along ebook)
Subjects: LCSH: Police—Juvenile literature.
Classification: LCC HV7922 .W3518 2021 | DDC j363.2—dc23

Library of Congress Cataloging-in-Publication Data

Available at the Library of Congress

Crabtree Publishing Company
www.crabtreebooks.com   1-800-387-7650

e-book ISBN 978-1-949354-81-2
Print book version produced jointly with Crabtree Publishing Company NY, USA

Written by Alan Walker
Production coordinator and Prepress technician: Ken Wright
Print coordinator: Katherine Berti
Translation to Spanish: Pablo de la Vega
Edition in Spanish: Base Tres

Printed in the U.S.A./022021/CG20201123

Published in Canada
Crabtree Publishing
616 Welland Ave.
St. Catharines, ON
L2M 5V6

Published in the United States
Crabtree Publishing
347 Fifth Ave
Suite 1402-145
New York, NY 10016

Published in the United Kingdom
Crabtree Publishing
Maritime House
Basin Road North, Hove
BN41 1WR

Published in Australia
Crabtree Publishing
Unit 3 – 5
Currumbin Court
Capalaba QLD 4157